꽃씨에는 꽃이 없다

강영수

시집

꽃씨에는 꽃이 없다

한그루

自序

따끈따끈한 졸저, 지인들에게 선물했다

고마워하는 사람, 부담스러워하는 사람,

시큰둥한 사람……

독자들 반응도 가지가지

그런데 몇몇 독자들은

1년도 안 돼 밖에 내팽개쳤고

쓰레기통에 처박혔고

기울어진 건축 자재 받침대 되어 있기도 했다

화분 밑받침으로 눈물 흘리는 모습이고

식탁에 뜨거운 냄비 받침대로

찢기고, 뭉개지고, 젖어 있고……

내가 미워선지 책이 싫어선지

적개심 표현도 가지가지인 것처럼

책은 나를 보며 아파하는 것 같았다

아픈 자식 품에 안듯

안으면서

미안하다 미안하다 마음이 울컥했다

차례

제1부

꽃씨는
희망이다

15	배움
16	생각
17	꽃
18	내리사랑
19	꽃씨
20	이슬
21	자업자득
22	짓거리
24	친구
25	감흥
26	진흙탕
27	진눈깨비
29	갈등
30	봄
32	과욕
33	그때그때
34	선물
35	덫
36	보람
37	선물과 뇌물

	38	걱정
	39	푼수 1
	40	난장질
	41	부끄럽지 않은 삶
	42	융합
	43	파도
	44	마음

제2부	47	홀씨
모르는 게	48	소섬
인생사	49	섬
	50	우도에 오면
	53	격세감
	54	볼모
	55	낀세대
	56	불공정한 사회의 조건
	57	토박이가 없다
	58	섭리
	59	우도 봄
	60	푼수 2

61	멋진 사람
62	오몽해사 산다
64	노부부의 난센스
65	알 듯 말 듯
66	섬 사람들의 일기예보
67	해녀 지아비 1
68	해녀 지아비 2
69	해녀 지아비 3
70	해녀 지아비 4
71	해녀 지아비 5
73	해녀 지아비 6
74	독도 단상
75	순환
76	다시 산다면

제3부

더 붙인 말은
군더더기

79	바다가 아프다
80	파도와 김밥
82	압박
83	재탕
84	꼰대

85	어렵던 시절에도
86	위안 1
87	위안 2
88	마음이 편한 말
89	삶
90	손님
91	북 같은 삶
93	탈장
94	조리사와 의사
95	님 기다렸던 울 엄마
96	상품
97	허무 3
99	고독
102	상처 1
104	상처 2
105	때時
106	열등
107	부부 1
108	부부 2
109	결혼과 부부

110 그래서
111 인연

제4부
───────
이 풍진 세월
시가 아닌
것은 없다

115 천일염
116 시 1
117 시 2
118 시 3
119 내공
120 시가 나에게
121 부스러기
122 글을 쓰는 이유
123 시인들은
124 기록
125 차향과 책 향
126 절
127 일부다처
128 책갈피
129 손녀의 사행시
130 균열

131 유통

132 꾼

133 착각

134 힘

135 질문의 의미

136 유아독존

137 사랑

138 객꾼과의 인터뷰

139 봉안당

140 대책

141 2024년 해녀의 연말정산

제1부

꽃씨는 희망이다

배움

온 누리
삼라만상의 만물들은

나의
스승

생각

생각처럼 복잡하고 머리통 터지는 게 뭘까
시제詩題나 시어詩語가 떠오르지 않을 땐
머릿속에서
지구를 몇 바퀴 돌고
꿈속에서 이승과 저승을 오가고
온탕과 냉탕을 넘나들고
이 생각 저 생각 앉으나 서나
자나깨나 가위눌림으로 생각에 짓눌려 산다

그러다
어느 순간 뻥하고
하늘이 보이고 바다가 보이고 꽃이 보일 땐
짓눌렸던 생각들이 얼음 녹듯
나에게 생각은 거듭거듭 고뇌의 짐

꽃

이 꽃

저 꽃

꽃 중의 꽃

해녀 아내의

몸에 핀

소금꽃

내리사랑

내가 심은

꽃나무에

핀

꽃이

더

예쁘다

꽃씨

꽃씨에는 꽃이 없다

꽃씨에는 뿌리도 없다

꽃씨에는 잎도 없다

꽃씨는 사계를 품는다

꽃씨는 거짓이 없다

꽃씨는 희망이다

이슬

고요한

밤

별똥별 떨어지고

풀잎에 대롱대롱

맺힌 방울

지새운

밤

임 그리다

떠나는

밤손님

자업자득

바다엔

고기 씨를 말리고

땅엔

사람의 씨를 말리고

하늘엔

날짐승 씨를 말리는

자연을 거스르는

인재人災

짓거리

밭엔 아파트

들엔 빌딩

길엔 조형물

산엔 터널

땅속엔 찻길

거리엔 땅꺼짐

강과 바다엔 플라스틱

붉은 나날

날씨는 변화무쌍

조용할 날이 없는 지구

인간의 짓거리에 성할 곳이 없다

친구

삭힌 젓갈

발효된 된장

농익은 과일

세월 속

그

냄새와 맛처럼……

감흥

올림픽 메달을 딴 선수들의 표정

금메달을 딴 선수는
기뻐 울고

은메달을 딴 선수는
아쉬워 울고

동메달을 딴 선수는
환하게 웃는다

진흙탕

대한민국 민의의 전당

청정한 옥토에서
우량 품종이라 뽑은 모종

비옥한 곳이라 이식했더니
변이종이 되어 속을 썩인다

진눈깨비
- 비상계엄령

2024년 12월 3일 밤

일상은 고요한 밤이었다

별들이 반짝이는
대한민국 밤 하늘엔

때 아닌
서린 공포에

하늘엔 오밤중 잠자리가 번쩍이고
땅에는 얼룩무늬 패거리가 밀당이고
새들은 지지배배 방방곡곡 소리 지르고

눈보라가 아닌

실록에 길이 남을

여섯 시간 진눈깨비였다

갈등

칡넝쿨과 등나무
너는 왼쪽 나는 오른쪽
저들만 살겠다고

나무는 목이 타고
말라 죽어가는데

어쩌란 말인가

봄

2025년 대한민국의 봄

산엔 150여 시간 불춤으로
전쟁보다 더 무서웠고
대한민국호 선장은 배를 침몰시켜 놓고
내 탓 아니다 배 째라 하고
도심엔 거리마다 진영싸움으로 깃발 흔들고
백성들은 못 살겠다 망연자실인데
위정자들은 내 편, 네 편으로 응원을 부추기고
방송은 방앗간 참새처럼 지지배배 밤낮을 가리지 않았고
외신들은 대한민국의 봄소식이 언제일까 눈 번쩍 귀가 쫑긋

그래도

폭풍 전야처럼

질퍽한 땅에 대한민국의 봄은 왔다

＊149시간 35분 산불(2025. 3. 21.~2025. 3. 30.)
　비상계엄부터 대통령 파면까지 123일(2024. 12. 3.~2025. 4. 4.)
　제21대 대통령 선출(2025. 6. 3.)

과욕

주방에 떨어진 꿀 방울

개미는 다디단 맛에

머리 처박아
질식해 있었다

삶과 죽음의
밑밥

그때그때

소싯적

있어도 우리

없어도 우리였다

외롭고

고달파도 함께였다

다

우리로 뭉쳤었다

이젠

나도 배부르고

너도 배불뚝이

주인도 부르주아

나그네도 말을 탄다

다

각자도생

세상사 그때그때다

선물

세종대왕이 준

한글

ㄱ
난다

가나다라마바사아……

덫

동물은 먹이가 덫

사람은 마음이 덫

보람

내가 심은

꽃나무에

꽃이 피고

열매를

맺을 때

선물과 뇌물

선뜻 주면

선물

뇌를 굴리면

뇌물

걱정

강태공이

준

밑밥

또 다른

밑밥 찾아다니는

물고기

푼수 1

약이 독이 되고
독이 약이 될 때

분수를 팽개치고
푼수일 때

남들은 다 알고 있는데
모를 거라 행동할 때

난장질

때 아닌 풍랑

파도는 바다를 할퀴고
구름은 하늘을 덮고
비는 땅을 치고
바람은 솟대 놀이하고
메뚜기들은 웅크려 있고

애벌레들도 걱정하는
난장질

부끄럽지 않은 삶

낮에는 맹세하고

밤엔 기도하고

평소엔 다짐한다

융합

알루미늄 양푼에

푸성귀

고추장

참기름

......

양푼 속

비빔밥

거기서

거기다

파도

일어서고 넘어지고를 반복하는

삶

인생사 나를 보라 한다

마음

삭풍에서 자란

나무가

가지가 단단하고

뿌리가 깊다

제2부

모르는 게 인생사

홀씨

2024년 12월 29일 『우도초등교육 100년』 발간 기념 숱한 격변을 걸친 105년의 역사, 척박한 섬에 '영명의숙(1918. 5. 10.)'이란 싹을 모태로 '우도초등학교' 되기까지 시대적 정황에 온갖 풍상에도 선각자들의 헌신으로 학교명 변경과 개명을 거듭하며 그 뿌리가 깊고 남다르다 그 뿌리에서 알알이 맺힌 **4,446인**의 건각들 홀씨 되어 온 누리를 누빈다 또 내일의 100년을 동경하며

소섬

내 어릴 적
집집마다 소 없는 집은 없었다

그래서
소섬인 줄 알았다

그런데
그 소들은 일꾼이었다
밭 갈고 수레를 끌고 짐 싣는
소의 섬

'소섬[牛島]'은
섬의 소
소 형상의 섬

섬

섬은

섬보다

낮은 울타리에 둘러 있어 섬이다

울타리는

흔들흔들 너울너울

섬을 지킨다

우뚝하고 고즈넉한 섬

변화무쌍한 울타리

공생

우도에 오면

연락선도 반기고 섬도 환영합니다
선인들의 발자취 우도 한 바퀴 돌아보세요

'동동네'·'섯동네' 그 옛날 '하늘이'입니다
도항선이 드나드는 관문인 항구가 있는 곳
톨칸이 비경도 있고 큰바위 얼굴 보트 타고 백주에 달 구경도 하고

'웃우무게'·'알우무게'·'중앙동' 여기는 '우무게'입니다
모실레끼 모살은 천연기념물 지구상에도 유다른 곳으로 으뜸입니다
도선도 있고 중앙동은 우도의 센터입니다

'주흥게'·'돈홀레'·'삼양동'·'웃고수동'·'알고수동', '하오동'입니다

돈과 물이 연관된 동네 이름들 먹거리 볼거리 해안길 돌담 구경 한라산 풍경도 최고입니다

개와당 모살판 해수욕장서 헤엄도 쳐보세요

'비양동'·'후해동(뒷바당)' 해가 먼저 뜨는 '조일리'입니다

동쪽 끝 안비양 동녘에 해 보고

검멀레 붉은 코고망 섬머리 절벽 선돌 괴암 만물상

120여 년 된 옛 우도 등대에서 때 맞춰 뜨는 해 지는 달 탐라섬 오밀조밀 오름은 풍경화

선인들 지어 놓은 열두 마을 옛 이름들 정겹습니다

계절마다 굽이굽이 50리 길 걸으며 우도 정기 받으세요

곳곳마다 청정한 자연의 냄새 해녀들의 숨비소리는 우도의 소리입니다

*동동네(동천진동), 섯동네(서천진동), 하늘이(천진리), 웃우무게(상우목동), 알우무게(하우목동), 우무게(서광리), 주흥게(주흥동), 돈흘레(전흘동), 웃고수동(상고수동), 알고수동(하고수동), 하오동(오봉리), 후해동(영일동)
*톨칸이, 모실레끼, 개와당, 안비양: 지명
*모살: 모래

격세감

소싯적
우도라 하면 돌멩이 취급 받았었지

요즘
우도라 하면 돈 대우 받는다

없다고 무시 말고
있다고 거들먹거리지 마라

세상사 살다 보면 모르는 게 인생사

볼모

1960년대 이전에 우도에서
장남으로 태어난 남자들은
집안 대소사 식게 멩질
거념하기 위해
쉐처럼 살면서
우도를 떠나지 못했다

지금 태어난다면?

낀세대

1960년대 이전 세대

위로는 어르신 봉양하고
아래론 자식들 기르며 등골이 휘고

정작 본인들은
낫 놓고 ㄱ자 배울 여력도 없었다
배고픔이 눈물 고개였던 시절
밥 한 끼 배불리 먹으면 부러울 게 없었다

산전수전 공중전까지 겪고 나니
꼰대 세대란다

요즘, 전자 기기 발달로 눈 뜬 맹인으로
아날로그와 디지털, 키오스크, AI……
이름마저 생소하다

불공정한 사회의 조건

공동체가 허물어지는 집단

비양심이 득이 되는 사회

지식인들의 편견

이기적인 행동

준법정신 외면

도덕과 상식 불통

의사소통 단절

토박이가 없다

집성촌으로

형성됐던 마을

이젠

다문화로 너나 나나다

토종은

꼰대들뿐……

섭리

하늘은
공허하고

땅은
생동하고

우주는
삼라만상

인간은
새옹지마

우도 봄

땅엔
농부가 꽃

바다엔
해녀가 꽃

거리엔
객꾼들이 꽃

하늘엔
햇살이
봄놀이한다

푼수 2

저, 분수를 모르고

남이 웃든 말든

공공의 것이라면

수단 방법을 가리지 않고

저, 배만 채우며

저 잘난 척

방방거리며

공동의 질서를

어지럽히는

분수를 초월한

푼수

멋진 사람

자신을 아는 사람

잘못을 인정하는 사람

마음을 다스릴 줄 아는 사람

잘못에 편승하지 않는 사람

겉과 속이 다르지 않은 사람

어렵고 힘든 사람을 도와주는 사람

봉사에 생색내지 않는 사람

잘못을 용서할 줄 아는 사람

오몽해사 산다

자식들 바라지에 골병뿐인 어르신들
우도 체육관까지 바깥나들이
집에만 웅크렸던 일상
집밖 나들이라니 꽃단장하고 기다리셨다
마음은 청춘 몸은 세월을 반증하듯 무겁다
님들 만남에 설렌 듯 들떠 있었다
처음 만나는 사이들도 아닌데
또
내일을 누가 알랴
다시는 못 만날 상봉인 것처럼
반갑다 반갑다 어떵 살암시니 어떵 살암시니……
얼싸안고 서로 안부도 묻고 근황도 알아본다
청춘에 무거웠던 짐 다 벗어나 이제 살 만한데……
몸은 무쇳덩이
흥겨운 노랫가락에 덩실덩실 더덩실
서먹서먹 기우뚱끼우뚱

새우등 춤 추시며 즐거워하셨다

조촐한 끼니와 선물에 고맙다 고맙다

내년을 기약하는 소리에 긴 한숨은

한 치 앞을 모르는 인생 여정

북망산천 멀지 않았다는 표정으로

아쉬워하며

오몽해사 산다 하며 가시는 뒷모습이 짠하다

(우도면 지역사회보장협의체 연례행사 경로잔치)

노부부의 난센스

팔십 넘은 노부부

할아버지의 짓궂은
말과 행동에

할머니
왈
철들라 했더니

할아버지
쿵
철, 들면 무거워서 죽는다며
노옹의 난센스

알 듯 말 듯

겉은

여자

인데

속은

해녀

섬 사람들의 일기예보

섬 사람들은
몸이 기상센터

비바람 불고
궂은 날씨 예보는

몸살 나고
무릎도 아프고
관절 통증으로

농익은 옹翁의 마음도 울적

바다 날씨는
해녀의 몸에

기별이 온다

해녀 지아비 1

아침엔
걱정되서 기도하고

낮엔
불안해서 기도하고

저녁엔
숨소리에 기도한다

해녀 지아비 2

아침엔
바다를

낮엔
하늘을

저녁엔
아내를 본다

해녀 지아비 3

궂은 날씨

아내는
작업도구
챙기며 콧노래

나는
바다 보고 아내 보며
전율의 숨을 쉰다

해녀 지아비 4

물질 간다면

지어미를 보고

물질 가면

바다를 보고

가도 쿵쾅

와도 쿵덕

해녀 지아비 5

아내 나이 70 중반
10대 초부터 물질로 평생을 살아 온 지어미
물질하면 아픈 병도 낫는다는 지어미

눈에 백내장이 왔다
병원에선 수술할 단계는 아니라 하는데
아내는 물질하기 위해 수술을 했으면 한다

수술은 신중을 기해야 하기에
주기적으로 검진을 받고 의사의 처방을 받는다
해녀들의 일상은 밖의 생활
바다와 밭일로 뜨거운 뙤약볕과 세찬 바닷바람으로
검게 그을린 얼굴에 눈 쉴 틈이 없다

바닷속에선 시야가 어둡다고 투덜투덜
해산물은 보이는 것만 잡으면 될 게 아니냐 하면

바닷속에 들어가 봤느냐며
예민한 반응
물질 욕심은 내려놓을 나이

귀가 멀어 병원 가야 할 때도
눈먼 것보다 낫다는 지어미
의사는 아니라는데
스스로 검진하고 대처하는 지어미

지아비의 말은 개똥이다

해녀 지아비 6

아내가

물질 갈 땐

뒷모습이 바다 같고

아내가

물질할 땐

숨비소리 애틋하고

지어미

집에 오면

앞모습이 하늘 같다

독도 단상

삭풍에 격동의 세월
동녘에서 몹쓸 바람
북녘에서 세찬 바람

동강난 무궁화 피고 지고
대한의 혈통
겨레의 등불이어라

순환

봄여름가을겨울

또

다시

인간의

삶……

다시 산다면

잘못 살았던

삶은

올곧게

올곧게 살았던

삶은

삐뚜름하게

인생사 두 번은 없다

제3부

더 붙인 말은 군더더기

바다가 아프다

그땐
빗물과 흙탕물이
바다로 흘러 가면
바다에
자양분이었다

이젠
바다로 빗물이 흐르면
살충제 살균제 제초제
주방세제 똥오줌 물로……
바다가
아프다, 아파
나도, 아프다

파도와 김밥

소싯적

하얀 파도는

해초 소를 놓고 둘둘 마는 김밥 같았다

말면서 밀려온 김밥 같은 해초는

돈이었고 토양에 자양분이었다

비옥한 토양에서 자란 곡식을 먹고 살았다

자연의 순환에 기대 살아온 우리

요즘

누런 파도는

온갖 쓰레기를 멍석 말듯 말며 밀고와 놓고 간다

인간이 버린 오물로

돈과 인력으로

누구는 버리고 또, 누구는 치우고

바다는 인간에게 되돌려 주는 것을

바다가 병들면 인간도 죽는다

자업자득이 아니던가

순환과 역행

압박

일등과 꼴찌

일등은
뒤를 보고

꼴찌는
앞만 본다

재탕

재혼하면서

청첩장을 보내고

축의금을 받는

염치

꼰대

70 중반인

나무로 치면 삭정이

10대 중반인

초롱초롱한

아이들에게

50, 60년대 그때는 했더니

별 볼 일 없는

꼰대라는 반응

어렵던 시절에도

꿀꿀이 겨 먹던 시절에도

웃어른 공경하고

선후배 위계질서가 있었다

먹고살 만한 요즘

각자도생으로

넌 너

난 나

다

돈의 귀천

위안 1

문병 가면

마음이 울고

문상 가면

눈이 울고

돌아서면

몸이 울고

가족을 보면

위안된다

위안 2

문병 가면
얼굴 보고

문상 가면
사진 보고

집에 오면
다행이다

마음이 편한 말

사랑

행복

더
붙인 말은 군더더기

삶

죽음을 위한 삶

어떻게 살다 죽느냐다

오래 살든 짧게 살든

삶의 차이는 별반

사려 깊은 삶은

죽음

인생의 삶은 덧없는 것

손님

앞모습에

반갑고

뒷모습에

더

반갑다

북 같은 삶

북 치는 고수께
한 맺힌 북치기께
추임새 같은 침묵께
덩달아 화풀이께
구경꾼이 없는 북치기와 소리꾼
치는 대로 소리쳤다

잘못의 누명은 다 내 몫이었다
이실직고하면 거짓말을 한다 맞고
거짓말을 하면 다시는 그래선 안 돼, 쳤고
왜? 그랬느냐 맞기를 거듭거듭
북채가 꺾이고 또 꺾이고
북은 너덜너덜 찢기고 멍들고 만신창이였다
그때 북채는
나에게 공포의 감전이었고 죽었으면 했다
여태껏 몸과 마음의 상처와 멍으로 남았다

북소리

꽹과리

징소리와 같은 아픔의 소리는 아랑곳하지 않았다

내 어릴 적

누명의 거짓과 진실의 갈등 속

북채의 고수들은 다 눈을 감았다

나에겐 남이 아닌 존속

탈장

70 중반

뜻하지 않은 탈장

내 인생사의

삶도

곱씹게 한다

조리사와 의사

조리사는
고기를 도마 위에 얹어
맛있는
부위를 찾아
칼질하고

의사는
몹쓸 부위를 찾아
칼질한다

님 기다렸던 울 엄마

요양원 어머니를
찾아 뵈었을 때
곤히 자고 있었다

며칠 뒤
간호사가
아드님 왔다 갔다 말했더니

어머니
왈
잠자지 않고
눈만 감고 있었다는 울 엄마

상품

어머니 모시고
병원 갔더니

노환이라며
이 검진
저 검진

돈 내란다

허무 3

98세 당숙모 입관
며느리가 아버님 돌아가셨다고 했을 때
한 사람이라도 빨리 "가사주" 했던 당숙모

자식 6남매에 손주들도 십수 명
남부럽지 않게 키우셨다
보금자리 떠나 자식들 집 전전
육지에 사는 딸과 살다 돌아가시고
시신으로 비행기로 귀소본능

영면의 길은 수구초심
꽃단장하고 가는 그 길……
눈시울 붉히는 후손들
마음을 헤아려본다

늙으면

나도

짐

?

고독

80을 코앞에 둔 나이, 홀아비로 산 지 10여 년
자식들 남부럽지 않게 키우느라 모진 고생으로 제 삶은 없었다
유복자로 태어나 어머니마저 젖먹이 때 돌아가셨다
끼니 얻어먹기에 급급했던 어린 시절을 보내선지
자식들에게만은 대물림하지 않으려고 남달랐었다
자식들은 서울에 저는 제주에 홀로 외롭게 사셨다
60대 때 부인 간병에 어려움을 겪으셨던 경험이 있어
나이 들어 자식들에게 짐 되지 않으려고 고독하게 가셨다
평소 강직하고 말이 없으셨다 이따금 자식 이야기 할 땐

자식들 명문대, 성공, 출세…… 부러워하지 말라 하시며

굽은 나무 선산 지킨다는 옛말을 되뇌듯

신세 한탄을 하며 눈시울을 붉히시기도 했다

돌아가시기 얼마 전엔 노인 일자리도 신청하지 않았다며

타고 다니던 자동차도 팔고 운전면허증도

반납했다며 입가에 쓴 미소를 지으셨다

그 후 얼마 없어 중환자실이란 연락을 받고 갔었다

아내와는 사촌 간이다

자식 넷 중 하나가 서울에서 그때서야 도착해서 같이 중환자실 면회를 했다

건강했던 모습은 없고 몰골된 모습으로 눈만 껌벅이며 눈가에

맺힌 눈물로 인사를 하듯 입술은 뭐라 말하려는

지 경련이었다

    다음 날 아침 기다렸다는 듯 가족들 인사 받고 고이 영면하는 모습에 마음이 짠했다

    가족들과 마지막 인사에 인생사 이승과 저승, 백과 흑, 생과 사의 찰나의 허무였다

    '부모는 열 자식 꾸려도, 열 자식은 부모 하나 꾸리지 못한다'는 의미의 말과

    '악처가 열 효자보다 낫다'는 말을 곱씹는다

(2025년 2월 26일 병원 중환자실)

상처 1

어느 날
병원 계산대에서
휠체어에 앉아 있는 장애인과
계산대 앞 비장애인과
거친 입씨름

그러다,
비장애인의 비수 같은 한마디
너 같은 …… 때문에
장애인들이 …… 한다
하고
자리를 떴다

연식이 있어 보이는 휠체어

닭 쫓던 개, 지붕 보듯

양보와 배려에 공허한 듯

상처 2

깊은 상처는

칼보다
글

글보다
말을

때時

60대 초입 나이
고향 떠나 40여 년
퇴직하고 둥지를 찾았다

젊었을 적엔 삶에 쫓겨
시간이 무한한 줄만 알았다며

어느 순간
수구초심에 세월을 짊어진
귀소본능에 울적한 듯

그게
인생사 우주관이라 곱씹는다

열등

넘쳐도 더 채우려 하고

있어도 더 가지려 하고

남의 것에 탐하고

남이 잘되면 훼방 놓고

능력과 실력엔 주눅들고

인격과 품격에 초라하고

텃세로 발목 잡고

나보다 월등하면 배 아파하는

있고 없고

많고 적고

길고 짧음에 열등하는 사회

부부 1

숟가락은
쌀을 먹고

젓가락은
채소를 먹고

수저는
밥과 반찬을 먹는다

부부 2

그

자물통에

그

열쇠

결혼과 부부

결혼은 서약

부부는 동행

그래서

늙어

배우자와

티격태격

토닥토닥

아옹다옹

삶이다

인연

한 벌 젓가락

천생연분

부부는

젓가락 짝꿍

제4부

이 풍진 세월
시가 아닌 것은 없다

천일염

바닷물 씨

햇볕에 꽃피어

바람에 익는

하늘 소금

시 1

젖먹이 옹알이가 시다

할머니 얼굴에 검버섯

아버지의 굳센 어깨도 시다

엄마의 손발 옹이

아내의 새치머리

이 풍진 세월 시가 아닌 것은 없다

해녀의 애잔한 숨비소리

시로 울고 웃는다

시 2

봄여름가을겨울

너의
세월을 쓴다

시 3

소가 여물을 되새기며

씹듯

반추하는 장르

내공

속박 속
시들은
하늘과 땅과 바다

방종의
시들은
바람과 구름

시가 나에게

시가 나에게

넌

지금까지

뭘 했나……

부스러기

농익은 알곡에는
쭉정이가 없다

설익은 글쓰기들은
부스러기가 많다

그
부스러기들도
모아둔다

글을 쓰는 이유

사람은 늙어
죽고

글은 살아
숨 쉬기에……

시인들은

시인들은 시를

골백번

먹고 또 먹는다

기록

명석한

두뇌보다

몽당연필

차향과 책 향

차향은

흙에서

책 향은

사람에서……

절

절
절
절
구
구
절
절
친
절
큰
절
불
절

일부다처

종이는
일편단심

연필은
난봉꾼

책갈피

내

글귀에

머물게 하고 싶다

손녀의 사행시

아홉 살 손녀의 앙증스러운 사행시

"할아버지 75번째 생신을 축하드려요
75를 기념해서 4행시를 해드릴게요"

할, 할아버지♡
아, 아빠의 아버지
버, 버드나무 뿌리처럼 든든한 할아버지
지, 지금처럼 건강하세요♡♡

티 없이 맑은 손녀에게 받은 깜찍한 생신 축하카드
행복이 별것이더냐
동심의 마음, 덤으로 산다

균열

여명 때 비가 내리면

몸은 편하고
마음은 불안하고
머리는 혼란스럽다

운동 습관

유통

농사꾼

땅콩은 맛있는데

내 책은

맛이 없는가 보다

꾼

사기꾼

농사꾼

으뜸은
물질꾼

착각

행운은

나에게만 올 것 같고

불행은

나에겐 오지 않아

힘

아는 것이 힘이다 (베이컨)

너 자신을 알라 (소크라테스)

아는 만큼 보인다 (유홍준)

난, 알면 알수록……?

질문의 의미

어려운 질문

쉬운 질문

필요한 질문

답이 있는 질문

답이 없는 질문

합리적 질문

굳이 나에게 묻는다?

유아독존

무대 위

뒷모습

오케스트라 지휘자

사랑

편하고 쉬운 말

나 자신을 사랑한 적은 없다

객꾼과의 인터뷰

처음

우도에 왔을 땐

참 좋았다

두 번째

우도에 왔을 땐

그래도 좋았다

세 번째

우도에 왔을 땐

보기 싫게 변한다

네 번째

우도에 왔을 땐

실망이다

봉안당

생전에도 살아보지 못한

아파트

죽어서 한 줌 재 되어

아파트 순번 받는다

대책

비바람 휘몰아치면

날짐승도 길짐승도 제집 찾아오는데

태풍이 불면

우도 배들은 우도를 떠난다

불안한 항구

서럽다 서러워

2024년 해녀의 연말정산

나이: 74세

경력: 61년

기량: 상군

조업일수: 103일

    소라: 56일 작업, 수량 1,724kg, 단가 1kg 5,600여 원

    성게: 35일 작업, 수량(알성게) 93kg, 단가 1kg 1십 5만 원

    우뭇가사리: 7일 작업, 수량(건초 30kg 기준) 5마대, 단가(1등 기준) 2십 4만 원

    오분자기: 5일 작업, 수량 12kg, 단가 1kg 4만 원

    문어: 수량 6kg, 단가 1kg 2만 원

    해삼: 수량 5kg, 단가 1kg 2만 원

꽃씨에는 꽃이 없다

2025년 9월 20일 초판 1쇄 발행

지은이 강영수
펴낸이 김영훈
편집인 김지희
디자인 김영훈
편집부 이은아, 부건영
펴낸곳 한그루
       출판등록 제651-2008-000003호
       제주특별자치도 제주시 복지로1길 21
       전화 064 723 7580 전송 064 753 7580
       전자우편 onetreebook@daum.net 누리방 onetreebook.com

ISBN 979-11-6867-237-6 (03810)

ⓒ 강영수, 2025

저작권법에 따라 보호를 받는 저작물입니다.
어떤 형태로든 저자 허락과 출판사 동의 없이 무단 전재와 복제를 금합니다.
잘못된 책은 구입하신 곳에서 교환해 드립니다.

값 10,000원